www.ingramcontent.com/pod-product-compliance
Lightning Source LLC
LaVergne TN
LVHW010100061026
849532LV00005BA/1870
9789358728774

باغ و بہار: میر امن دہلوی
کی کتاب کا تجزیہ

مرتب:
سید حیدر آبادی

© Taemeer Publications LLC
Baagh O Bahaar : Mir Amman Dehlvi ki kitaab ka tajzia
by: Syed Hyderabadi
Edition: February '2024
Publisher :
Taemeer Publications LLC (Michigan, USA / Hyderabad, India)

ISBN 978-93-5872-877-4

کتاب	:	**باغ و بہار : میر امن دہلوی کی کتاب کا تجزیہ**
مرتبہ	:	**سید حیدرآبادی**
صنف	:	تحقیق و تنقید
ناشر	:	تعمیر پبلی کیشنز (حیدرآباد، انڈیا)
سالِ اشاعت	:	۲۰۲۴ء
صفحات	:	۴۲
سرورق ڈیزائن	:	تعمیر ویب ڈیزائن

فہرست

(ا) باغ و بہار از میر امن دہلوی : تعارف

باغ و بہار میر امن دہلوی کی داستانوی کتاب ہے جو اُنھوں نے فورٹ ولیم کالج میں جان گلگرسٹ کی فرمائش پر لکھی۔ عام خیال ہے کہ باغ و بہار کو میر امن نے امیر خسرو کی فارسی داستان قصہ چہار درویش سے اردو میں ترجمہ کیا ہے لیکن یہ خیال پایہ استناد کو نہیں پہنچتا۔ باغ و بہار فورٹ ولیم کالج کی دین ہے جو انگریزوں کو مقامی زبانوں سے آشنا کرنے کے لیے قائم کیا گیا تھا۔ میر امن نے باغ و بہار کو جان گل کرائسٹ کی فرمائش پر میر حسین عطا تحسین کی نو طرز مرصع سے ترجمہ کیا ہے۔ اس طرح یہ داستان اردو نثر میں ایک سنگ میل کی حیثیت رکھتی ہے۔ اسی داستان کی اشاعت کے بعد اردو نثر میں پہلی مرتبہ سلیس زبان اور آسان عبارت آرائی کا رواج ہوا اور آگے چل کر غالب کی نثر نے اسے کمال تک پہنچا دیا۔ اسی بنا پر مولوی عبدالحق کا کہنا ہے کہ اردو نثر کی ان چند کتابوں میں باغ و بہار کو شمار کیا جاتا ہے جو ہمیشہ زندہ رہنے والی ہیں اور شوق سے پڑھی جائیں گی۔

بقول سید محمد، "میر امن نے باغ و بہار میں ایسی سحر کاری کی ہے کہ جب تک اردو زبان زندہ ہے مقبول رہے گی اور اس کی قدر و قیمت میں مرورِ ایام کے ساتھ کوئی کمی نہ ہو گی۔"

نیز سید وقار عظیم کے الفاظ میں، "داستانوں میں جو قبول عام باغ و بہار کے حصے میں آیا ہے وہ اردو کی کسی اور داستان کو نصیب نہیں ہوا"۔

(۲) باغ و بہار : مقدمہ میر امن دہلوی

عرضی میر امن دلی والے کی

جو

مدرسے کے مختار صاحبوں کے حضور میں دی گئی۔

صاحبان والا شان نجیبوں کے قدر دانوں کو خدا سلامت رکھے۔ اس بے وطن نے حکم اشتہار کا سن کر چار درویش کے قصے کو ہزار جد و کد سے اردوئے معلا کی زبان میں باغ و بہار بنایا۔ فضلِ الٰہی سے سب صاحبوں کے سیر کرنے کے باعث سر سبز ہوا۔ اب امیدوار ہوں کہ اسکا پھل مجھے بھی ملے، تو میرا غنچہ ء دل مانند گل کے کھلے۔ بقول حکیم فردوسی کے کہ شاہ نامے میں کہا ہے۔

بسے رنج بر دریں سال سی
عجم زندہ کردم بہ ایں پارسی
سو اردو کی آراستہ کر زباں
کیا، میں نے بنگالہ ہندوستاں

خداوند آپ قدر دان ہیں، حاجت عرض کرنے کی نہیں۔

الٰہی تارا اقبال کا چمکتا رہے۔

مقدمہ۔ میر امن دہلوی

سبحان اللہ، کیا صانع ہے کہ جس نے ایک مٹھی خاک سے کیا کیا صورتیں اور مٹی کی مورتیں پیدا کیں باوجود رنگ کے ایک گورا اور ایک کالا۔ اور یہی ناک، کان، ہاتھ پاؤں

سب کو دیئے ہیں۔ تس پر، رنگ بہ رنگ کی شکلیں جدی، جدی بنائیں کہ ایک کی سج دھج سے دوسرے کا ڈیل ڈول ملتا نہیں۔ کروڑوں خلقت میں جس کو چاہیئے، پہچان لیجئے۔ آسمان اس کے دریائے وحدت کا ایک بلبلا ہے اور زمین پانی کا بتاشا، لیکن یہ تماشا ہے کہ سمندر ہزاروں لہریں مارتا ہے پر اس کا بال بیکا نہیں کر سکتا۔ جسکی یہ قدرت اور سکت ہو اسکی حمد و ثنا میں زبان انسان کی گویا گونگی ہے، کہیے تو کیا کہیے، بہتر یوں ہے کہ جس بات میں دم نہ مار سکے، چپکا ہو رہے۔

عرش سے لے کر فرش تک جس کا یہ سامان ہے
حمد اس کی اگر لکھا چاہوں تو کیا امکان ہے
جب پیمبر نے کہا ہو میں نے پہچانا نہیں
پھر جو کوئی دعوٰی کرے اس کا، بڑا نادان ہے
رات دن یہ مہر و مہ پھرتے ہیں صنعت دیکھتے
پر ہر اک واحد کی صورت دیدہء حیران ہے
جس کا ثانی اور مقابل ہے نہ ہووے گا کبھو
ایسے یکتا کو خدائی سب طرح شایان ہے
لیکن اتنا جانتا ہوں خالق و رزاق ہے وہ
ہر طرح سے مجھ پر اس کا لطف اور احسان ہے

اور درود اس کے دوست پر جس کی خاطر، زمین و آسمان کو پیدا کیا اور درجہ رسالت کا دیا۔

جسم پاک مصطفٰی، اللہ کا اک نور ہے
اس لئے پرچھائیں اس قد کہ نہ تھی، مشہور ہے

حوصلہ میرا کہاں اتنا، جو نعت اس کی کہوں

پر سخن گویوں کا یہ بھی قاعدہ دستور ہے

اور اس کی آل پر صلوٰۃ و سلام، جو ہیں بارہ امام

حمدِ حق اور نعتِ احمد کو یہاں کر انصرام

اب میں آغاز اس کو کرتا ہوں جو ہے منظور کام

یاالٰہی واسطے اپنے نبی کی آل کے

کر یہ میری گفتگو مقبول طبع خاص و عام

سبب تالیفِ کتاب

منشا اس تالیف کا یہ ہے کہ سن ایک ہزار دو سو پندرہ برس ہجری اور اٹھارہ سے ایک سال عیسوی مطابق ایک ہزار دو سو سات سن فصلی کے عہد میں اشرف الاشرف مارکوئس ولزلی، گورنر جنرل، لارڈ مارننگٹن صاحب کے (جن کی تعریف میں عقل حیران اور فہم سرگردان ہے۔ جتنے وصف سرداروں کو چاہیے انکی ذات میں خدا نے جمع کئے ہیں۔ غرض، قسمت کی خوبی، اس ملک کی تھی جو ایسا حاکم تشریف لایا، جس کے قدم کے فیض سے ایک عالم نے آرام پایا۔ مجال نہیں کوئی کسو پر زبر دستی کر سکے۔ شیر اور بکری ایک گھاٹ پانی پیتے ہیں، سارے غریب و غربا دعا دیتے ہیں اور جیتے ہیں) چرچا علم کا پھیلا۔ صاحبانِ ذی شان کو شوق ہوا کہ اردو زبان سے واقف ہو کر ہندوستانیوں سے گفت و شنود کریں اور ملکی کام کو بہ آگاہی تمام انجام دیں۔ اس واسطے کتنی کتابیں اسی سال بموجب فرمائش کے تالیف ہوئیں۔

جو صاحب دانا اور ہندوستان کی زبان بولنے والے ہیں، انکی خدمت میں گذارش کرتا ہوں کہ یہ قصہ چار درویش کا، ابتدا میں امیر خسرو دہلوی نے اس تقریب سے کہا کہ

حضرت نظام الدین اولیاء، زری زر بخش، (جو انکے پیر تھے اور درگاہ انکی دلی میں، قلعے سے تین کوس، لال دروازے کے باہر، مٹیا دروازے سے آگے، لال بنگلے کے پاس ہے) انکی طبیعت ماندی ہوئی۔ تب مرشد کا دل بہلانے کے واسطے امیر خسرو یہ قصہ ہمیشہ کہتے اور تیمارداری میں حاضر رہتے۔ اللہ نے چند روز میں شفا دی۔ تب انہوں نے غسلِ صحت کے دن یہ دعا دی کہ جو کوئی اس قصے کو سنے گا، خدا کے فضل سے تندرست رہے گا۔ جب یہ قصہ فارسی میں مروج ہوا۔

اب خداوندِ نعمت، صاحبِ مروت، نجیبوں کے قدردان، جان گلکرسٹ صاحب نے (کہ ہمیشہ ان کا اقبال زیادہ رہے، جب تلک گنگا جمنا بہے) لطف فرمایا کہ اس قصے کو ٹھیٹھ ہندوستانی گفتگو میں جو اردو کے لوگ، ہندو مسلمان، عورت مرد، لڑکے بالے، خاص و عام آپس میں بولتے چالتے ہیں، ترجمہ کرو۔ موافق حکم حضور کے، میں نے ابھی اسی محاورے سے لکھنا شروع کیا جیسے کوئی باتیں کرتا ہے۔

پہلے اپنا احوال یہ عاصی گنہگار، میر امن دلی والا بیان کرتا ہے کہ میرے بزرگ ہمایوں بادشاہ کے عہد سے ہر ایک بادشاہ کی رکاب میں، پشت بہ پشت، جاں فشانی بجالاتے رہے اور وہ بھی پرورش کی نظر سے، قدر دانی جتنی چاہیے، فرماتے رہے۔ جاگیر و منصب اور خدمات کی عنایات سے سرفراز کر کر، مالا مال اور نہال کر دیا اور خانہ زاد موروثی، اور منصب دار قدیمی، زبانِ مبارک سے فرمایا، چنانچہ یہ لقب بادشاہی دفتر میں داخل ہوا۔ جب ایسے گھر کی (کہ سارے گھر اس گھر کے سبب آباد تھے) یہ نوبت پہنچی، ظاہر ہے۔ (عیاں راچہ بیاں) تب سورج مل جاٹ نے جاگیر کو ضبط کر لیا اور احمد شاہ درانی نے گھر بار تاراج کیا۔ ایسی ایسی تباہی کھا کر ویسے شہر سے (کہ وطن اور جنم بھوم میرا ہے، اور آنول نال وہیں گڑا ہے) جلا وطن ہوا، اور ایسا جہاز کہ جس کا ناخدا بادشاہ تھا، غارت ہوا۔ میں بے

کسی کے سمندر میں غوطے کھانے لگا۔ ڈوبتے کو تنکے کا آسرا بہت ہے۔ کتنے برس بلدۂ عظیم آباد میں دم لیا۔ کچھ بنی کچھ بگڑی، آخر وہاں بھی پاؤں اکھڑے، روزگار نے موافقت نہ کی۔ عیال و اطفال کو چھوڑ کر تن تنہا کشتی پر سوار ہوا، اشرف البلاد کلکتے میں آب و دانے کے زور سے آ پہنچا۔ چندے بیکاری گزری۔ اتفاقاً نواب دلاور جنگ نے بلوا کر، اپنے چھوٹے بھائی میر محمد کاظم خاں کی اتالیقی کے واسطے مقرر کیا۔ قریب دو سال کے وہاں رہنا ہوا، مگر نباہ اپنا نہ دیکھا۔ تب منشی میر بہادر علی جی کے وسیلے سے، حضور تک، جان گلکرسٹ صاحب بہادر (دام اقبالہ) کے، رسائی ہوئی۔ بارے، طالع کی مدد سے ایسے جواں مرد کا دامن ہاتھ لگا ہے، چاہیے کہ دن کچھ بھلے آویں۔ نہیں تو یہ بھی غنیمت ہے کہ ایک ٹکڑا کھا کر، پاؤں پھیلا کر سو رہتا ہوں اور گھر میں دس آدمی، چھوٹے بڑے، پرورش پا کر دعا اس قدر دان کو کرتے ہیں۔ خدا قبول کرے۔

حقیقت اردو کی زبان کی، بزرگوں کے منہ سے یوں سنی ہے کہ دلی شہر ہندوؤں کے نزدیک چوجگی ہے، انہیں کے راجا پرجا قدیم سے رہتے تھے اور اپنی بھاکھا بولتے تھے۔ ہزار برس سے مسلمانوں کا عمل ہوا۔ سلطان محمود غزنوی آیا، پھر غوری اور لودھی بادشاہ ہوئے۔ اس آمد و رفت کے باعث کچھ زبانوں نے ہندو مسلمان کی آمیزش پائی۔ آخر امیر تیمور نے (جن کے گھرانے میں اب تلک نام نہاد سلطنت کا، چلا جاتا ہے) ہندوستان کو لیا۔ ان کے آنے اور رہنے سے لشکر کا بازار شہر میں داخل ہوا۔ اس واسطے شہر کا بازار اردو کہلایا۔ پھر ہمایوں بادشاہ پٹھانوں کے ہاتھ سے حیران ہو کر ولایت گئے۔ آخر وہاں سے آن کر پسماندوں پٹھانوں کی گوشمالی کی۔ کوئی مفسد باقی نہ رہا کہ فتنہ و فساد برپا کرے۔

جب اکبر بادشاہ تخت پر بیٹھے تب چاروں طرف کے ملکوں سے قوم، قدردانی اور فیض رسانی اس خاندانِ لاثانی کی سن کر، حضور میں آکر جمع ہوئے۔ لیکن ہر ایک کی گویائی

اور بولی جُدی جُدی تھی۔ اکھٹے ہونے سے آپس میں لین دین، سودا سلف، سوال و جواب کرنے کی زبان اردو کی مقرر ہوئی۔ جب حضرت شاہ جہان، صاحب قران نے قلعۂ مبارک اور جامع مسجد اور شہر پناہ تعمیر کروایا اور تخت طاؤس میں جواہر جڑوایا اور دل بادل سا خیمہ، چوبوں پر استاد کر، طنابوں سے کھنچوایا اور نواب علی مردان خان نہر کو لے کر آیا، تب بادشاہ نے خوش ہو کر جشن فرمایا اور شہر کو اپنا دارالخلافت بنایا، تب سے شاہ جہاں آباد مشہور ہوا (اگرچہ دلی جُدی ہے، وہ پرانا شہر اور یہ نیا شہر کہلاتا ہے) اور وہاں کے بازار کو اردوئے معلٰی خطاب دیا۔

امیر تیمور کے عہد سے محمد شاہ کی بادشاہت، بلکہ احمد شاہ اور عالم گیر ثانی کے وقت تک، پیڑھی بہ پیڑھی، سلطنت یکساں چلی آئی، ندان، زبان اردو کی منجھتے منجھتے ایسی منجھی کہ کسو شہر کی بولی اس سے ٹکر نہیں کھاتی، لیکن قدردان منصف چاہیے، جو تجویز کرے۔ سو اب خدا نے، بعد موت کے، جان گلگرسٹ صاحب سا دانا، نکتہ رس پیدا کیا کہ جنہوں نے اپنے گیان اور اَگت سے، اور تلاش و محنت سے، قاعدوں کی کتابیں تصنیف کیں۔ اس سبب سے ہندوستان کی زبان کا ملکوں میں رواج ہوا اور نئے سر سے رونق زیادہ ہوئی۔ نہیں تو اپنی دستار و گفتار و رفتار کو کوئی برا نہیں جانتا۔ اگر ایک گنوار سے پوچھیے تو شہر والے کو نام رکھتا ہے، اور اپنے تیئں سب سے بہتر سمجھتا ہے۔ خیر عاقلاں خود میدانند۔

جب احمد شاہ ابدالی کابل سے آیا اور شہر کو لٹوایا، شاہ عالم پورب کی طرف تھے۔ کوئی وارث اور مالک، ملک کا نہ رہا، شہر بے سر ہو گیا۔ سچ ہے، بادشاہت کے اقبال سے شہر کی رونق تھی۔ ایک بارگی تباہی پڑی۔ رئیس وہاں کے، میں کہیں تم کہیں، ہو کر جہاں جس کے سینگ سمائے وہاں نکل گئے۔ جس ملک میں پہنچے، وہاں کے آدمیوں کے ساتھ سنگت

سے بات چیت میں فرق آیا۔ اور بہت ایسے ہیں کہ دس پانچ برس کسو سبب سے دلی میں گئے اور رہے، وے بھی کہاں تک بول سکیں گے، کہیں نہ کہیں چوک ہی جائیں گے۔ اور جو شخص سب آفتیں سہہ کر دلی کا روڑا ہو کر رہا، اور دس پانچ پشتیں اسی شہر میں گزاریں، اور اس نے دربار امراؤں کے، اور میلے ٹھیلے، عرس چھڑیاں سیر تماشا اور کوچہ گردی اس شہر کی مدت تلک کی ہو گی، اور وہاں سے نکلنے کے بعد اپنی اپنی زبان کو لحاظ میں رکھا ہو گا، اس کا بولنا البتہ ٹھیک ہے۔ یہ عاجز بھی ہر ایک شہر کی سیر کرتا اور تماشا دیکھتا یہاں تلک پہنچا ہے۔

(۳) باغ و بہار: مقدمہ از ڈاکٹر جان گلکرسٹ (ترجمہ)

یہ قصہ اردو میں ترجمہ ہونے سے پہلے فارسی زبان میں قصہ ء چہار درویش کے نام سے ایک زمانے میں مقبولِ خاص و عام رہا ہے۔ اسکی تصنیف کا سبب یہ ہے کہ ایک دفعہ امیر خسرو کے پیر و مرشد حضرت نظام الدین اولیاء کی طبیعت ناساز ہوئی، تب ان کا دل بہلانے کیلیے امیر خسرو نے یہ قصہ فارسی زبان میں کہا۔

اردو میں اس کا ترجمہ سب سے پہلے میر حسین عطا خان تحسین نے کیا اور اس کا نام نو طرز مرصع رکھا۔ لیکن اردو زبان کے ایک معیاری نمونے کی حیثیت سے ان کا یہ ترجمہ ناقص قرار پایا کونکہ اس میں عربی اور فارسی کے فقروں اور محاوروں کی بہتات ہے۔ اس نقص کو دور کرنے کیلیے میر امن عالم و فاضل، دلی والے جو کہ فورٹ ولیم کالج سے وابستہ ہیں، عطا خان تحسین کے ترجمے سے یہ نیا اسلوب (version) نکالا ہے۔

میر امن ایک سہل و سادہ اور صاف اسلوب کے نکالنے میں کس قدر کامیاب ہوئے ہیں اس کا اندازہ ہندوستانی زبان کا کوئی بھی عالم کر سکتا ہے۔ وہ ریختہ کے محاوروں کو ایسی صحت اور عفت کے ساتھ استعمال کرتے ہیں کہ اس کے دیکھنے سے اس بات کا یقینِ کامل ہوتا ہے کہ ان کی واقفیت اردو زبان سے بڑی گہری تھی۔

اس قصے میں ایشیائی رسم و رواج کا مذکور بہت خوب ہے اور ان کے بیان میں ایک ایسی کلاسکی طہارت پائی جاتی ہے کہ اس سے یہ گمان پیدا ہوتا ہے کہ یہ قصہ ان کا اپنا طبع زاد ہے۔

یہ کتاب اپنی اس خصوصیت کے باعث ہندوستان کی ان کتابوں کے سرمائے میں ایک بیش بہا اضافہ کرتی ہے جو کہ حال ہی میں وہاں کی معروف اور مقبول زبان میں شائع ہوئی ہیں۔

(۴) داستان کی اہمیت 'باغ و بہار' کی روشنی میں

صبا علی

قصہ کہنا اور قصہ سننا انسان کا پسندیدہ مشغلہ ہے۔ یہ اور بات کہ آج کی تیز رفتار زندگی اس کی مہلت ہی نہیں دیتی۔ کسی زمانے میں دن بھر کا تھکا ہارا انسان رات کو دوستوں کے حلقے میں بیٹھتا اور اپنی کہتا، دوسروں کی سُنتا، جسے جو یاد ہوتا وہ سناتا اور کوشش کرتا کہ توجہ کا مرکز بنا رہے۔ اس طرح قصے نے جنم لیا۔ داستان طرازی کا فن اتنا ہی قدیم ہے جتنی پرانی خود انسان کی کہانی ہے۔ دنیا کی ہر زبان کے ادب میں داستانوں کے نمونے ملتے ہیں۔ بر صغیر میں داستان کی مقبولیت کی ایک وجہ فورٹ ولیم کالج کا قیام ہے۔ جہاں کلاسیکی زبانوں سے اردو زبان میں سادہ اور بامحاورہ ترجمے کروائے گئے تھے۔ دوسری وجہ مسلمان سیاسی میدان میں بازی ہار رہے تھے۔ ان کی شکست سے پیدا شدہ ناخوشگوار صورت حال نے انھیں داستان کی دنیا میں پناہ لینے پر مجبور کیا۔ بقول ڈاکٹر گیان چند:

" چیمبر آف انڈیا کے ایک مضمون نگار کے مطابق قصے وہیں زیادہ ترقی کرتے ہیں جہاں لوگ زیادہ کاہل ہوتے ہیں۔ یونان میں قصے اس وقت لکھے گئے جب وہ روم کے زیرِ نگیں ہو گیا۔ روم کا افسانوی ادب اس وقت وجود میں آیا جب آمر شہنشاہوں نے فرد کی آزادی سلب کر لی۔ انیسویں صدی کی دلی اور لکھنؤ میں کاہلی کا قحط نہ تھا۔(۱)

اس وقت تک قصے کی کوکھ سے داستان جنم لے چکی تھی اور اس کی حیثیت شُجاعی رومان کی تھی اور اس میں واقعی افیون کی ترنگ پوشیدہ تھی۔ بادشاہ، شہزادے، وزیر

،امیر ،نواب ، سلطنت کے عہدیدار سبھی داستان کی زلف گیرہ گیر کے اسیر تھے۔ راتوں کو دیر تک داستان سُنتے ،ہیرو کی فتح و کامیابی پر عش عش کرتے۔ بقول ڈاکٹر سُنبل نگار:

"بادشاہ سلامت شاید یہ تصور کر لیتے کہ ان کا کوئی جان نثار ان کی سرحدوں کو وسیع کرنے کے لئے بہادری کے جوہر دکھارہا ہے۔ سپہ سالار اس ہیرو کی جگہ خیالوں میں خود کو مہمات سر کرتے دیکھتا۔ اسی طرح خیالوں کی دُنیا میں پرواز کرتے کرتے خواب کی دنیا میں جا پہنچتے۔ عجب نہیں کہ سپنوں میں بھی یہی دل خوش کرنے والے منظر نظر آتے ہوں۔ غرض حقیقت کی سفاک دنیا سے فرار کے بعد داستان ایک اچھی جائے پناہ تھی۔ چنانچہ داستان ترقی کرتی رہی اور اس نے ایک باقاعدہ فن کی حیثیت اختیار کرلی۔"(۲)

بعض لوگوں نے داستانوں کو "دفتر بے معنی" کہا، بعض نے "بے عمل سوسائٹی کی پیداوار" قرار دیا، بعض نے انہیں "تعیش پسندی" کم ہمتی، بزدلی اور فراریت کی آئینہ دار بتایا۔ بعض نے کہا کہ "یہ ایسے ماحول کی پیداوار ہے جو ہماری تاریخ اور ہمارے تمدن اور اخلاق کی روایات پر بدنما داغ ہے اور اس زندگی کی مُصور ہے جس کا سرے سے وجود نہیں، جس میں صرف جن، دیوؤں مافوق الفطرت عناصر، پریوں اور سحر و طلسمات کے کرشمے موجود ہیں۔ ان اعتراضات کے بارے میں ڈاکٹر رفیع الدین ہاشمی کہتے ہیں کہ:

"اگر داستانی ادب ایسا ہی مردود و مطعون ہوتا تو دنیا کی مختلف زبانوں کے عظیم شہ پارے تنقیدی تاریخ میں ادب عالیہ قرار نہ پاتے کیوں کہ تمام عالمگیر ادب فوق الفطرت عناصر سے بھرا ہوا ہے۔"(۳)

یہ درست ہے کہ داستان اس دور کی پیداوار ہے جب امرا عیش پرستی کا شکار تھے۔ دعوتوں، شراب کباب اور رقص و سُرور کا اہتمام خصوصیت سے ہوتا تھا، لیکن اس سے یہ نتیجہ اخذ کرنا کہ داستان بے عملی کی تلقین کرتی ہے۔ قطعاً درست نہیں ہے۔ داستانیں

عمل اور زندگی سے بھرپور ہیں۔ ان میں ہر طرف زندگی کی لہر جاری و ساری ہے۔ کہیں ٹھہراؤ نہیں، کم ہمتی، بزدلی اور پاس کا گزر نہیں، مسلسل عمل ہے، مہمات ہیں، خیر و شر کے معرکے ہیں، جستجو ہے اور یہ ساری چیزیں دلوں میں عمل کی اُمنگ پیدا کرتی ہے۔ یورپ جس سے آج کا مشرق ماڈرلزم کے بارے میں فیض حاصل کر رہا ہے میں بھی کلاسیکی ادب کا مطالعہ ناگزیر خیال کیا جاتا ہے۔ بقول ڈاکٹر سہیل بخاری:

"یونان کے قدیم رومانوں میں جن کی ابتداء پہلی صدی عیسوی میں مجہول الماخذ مواد سے ہوئی ہے وہی تمام باتیں ملتی ہیں لو بعد کے رومانوں یا اردو داستانوں میں پائی جاتی ہیں۔" (۴)

مزید آگے لکھتے ہیں کہ قرون وسطی کے مغربی یورپ میں رومان ایک ایسے قصے کو کہتے ہیں جس میں طبقہٴ اعلیٰ کی معاشرت پیش کی جاتی تھی۔ شجاعانہ کارناموں کا ذکر ہوتا تھا اور عجیب و غریب واقعات و واردات کی مدد سے سامعین کی دلچسپی قائم رکھی جاتی تھی۔۔۔ بہت سی باتوں میں اردو داستان یورپ کے قدیم رومانوں سے بہت قریب ہے۔ یورپ کے کلاسیکی ادب کے مطالعے میں قدیم رومان بنیادی حیثیت رکھتے ہیں اور ظاہر ہے یورپ کے علماء کو علم ہے کہ زبان و ادب کی ابتداء اور اس کے ارتقائی منازل سے واقفیت کے بغیر آگے نہیں بڑھایا جا سکتا لہٰذا اس کی تدریس ضروری ہے تو جس سوسائٹی سے ہم نے سائنس و ٹیکنالوجی اور ماڈرلزم کا سبق حاصل کیا اس کی پیروی اگر ادب کے معاملے میں بھی کریں تو کیا حرج ہے۔ بقول ڈاکٹر ایم سلطانہ بخش:

"داستان کی بدولت اردو نثر کو پایہ اعتبار ملا۔ وہ بہ یک جہت بادشاہوں کی بارگاہوں، امراء کی مجلسوں اور عوام کے اجتماعوں کی روح رواں بن گئی۔ اس نے اردو نثر کو فکر و ذہن نہیں دیا بلکہ قلب و نظر اور جذب و تاثیر بخشی۔ شاعری کے بعد ادبیت کا سب سے

بڑا مخزن یہی داستانیں ہیں۔"(۵)

اس طرح یہ داستان ہی ہے جس کے ذریعے ادب کا طالب علم اپنے تہذیبی و ثقافتی ورثے سے مکمل آگاہی حاصل کر سکتا ہے۔ بقول ڈاکٹر ایم سلطان بخش:

"اگر آج یہ داستانیں موجود نہ ہوتیں، تو دور حاضر کی علمی و سائنسی ترقی کے باوجود ہماری تمدن زندگی کی عمر کی کئی صدیاں کم ہو جاتیں۔ پاک و ہند کی قدیم تہذیب و ثقافت کا سارا قابل اعتماد مواد انہیں داستانوں میں ملتا ہے۔"(۶)

لہٰذا ماضی سے یعنی ادب کی تاریخ سے آگاہی از بس ضروری ہے۔ ساتھ ہی ساتھ داستان زبان کی لسانی تاریخ کے سلسلے میں نہایت اہم دستاویز کی حیثیت بھی رکھتی ہے۔ علامات و استعارات، تلمیحات، کنایات، علمی و فنی اصطلاحات، مترادفات، کے نازک فرق اور اختلاف یہ تمام چیزیں بڑی حد تک داستانوں ہی کی مرہون منت ہیں۔ اس طرح زبان و اسلوب سے مکمل آگاہی بھی داستان کے مطالعے سے حاصل ہو سکتی ہے عرض زبان و ادب کی تاریخ میں کلاسیکی ادب کا مطالعہ از بس ضروری ہے۔ بقول ڈاکٹر ممتاز منگلوری:

"داستانوں نے اردو میں زبان و بیان کی وسعتیں پیدا کیں اسلوب کے لئے نئی راہیں نکالیں اور ایک ہی بات کو مختلف انداز میں بیان کرنے کے مختلف ڈھنگ پیدا کیے۔ زندگی اور تجربات اور تخیلات کے وسیع کینوس پر پھیلی ہوئی تصویروں میں رنگ بھرتے ہوئے مناسبت کے لئے زبان و بیان کے جو نئے نئے نمونے اور اعلیٰ نمونے اردو نثر کو ملے ان کے لئے اردو زبان داستانوں کی مرہون منت ہے۔ داستانوں میں حسن اور دلچسپی کا عنصر بھی ایسا ہے جس سے صرفِ نظر نہیں کیا جا سکتا۔"(۷)

اس طرح مادی دنیا کے تلخ حقائق کا انسان سامنا کرتا رہا اور روح کی تسکین کا سامان نہ

کرے تو ایک وقت ایسا آتا ہے کہ انسانی اعصاب چیخ جاتے ہیں اور شخصیت کی عمارت ڈھا جاتی ہے، ایسے میں داستان پڑھنے سے انسان گویا کسی دوسری خواب آور دنیا میں پہنچ جاتے ہیں۔ اور وہاں کی دلچسپیوں میں اپنی جسمانی تھکن، پریشانیوں، الجھنوں اور مشکلوں کو وقتی طور پر بھول جاتا ہے۔ ڈاکٹر گیان چند کے بقول:

"داستانیں ہمیں اس سہانی دنیا میں لے جاتے ہیں جہاں ظالم حقیقتوں کا گزر نہیں۔ یہ احمقوں کی بہشت سہی، کبھی کبھار عاقلوں کے دوزخ سے نکل کر خیالی بہشت میں چہل قدمی کرنا خود فریبی سہی، لیکن اس مستانہ لڑکھڑاہٹ کے بیان میں ایک جاذبیت ہوتی ہے۔"(۸)

غالب نے اسی بات کو یوں بیان کیا ہے۔

ہم کو معلوم ہے جنت کی حقیقت لیکن
دل کے خوش رکھنے کو غالب یہ خیال اچھا ہے(۹)

داستانوں کی افادیت کا ایک پہلو یہ بھی ہے کہ ان میں ہماری گزشتہ سوسائٹی کی معاشرت کے بھرپور نقشے موجود ہیں۔ دلی اور لکھنوء کی معاشرت کی تصویریں ان صفحات میں اتنی روشن اور نمایاں ہیں کہ شاید ہی کوئی تاریخ مد مقابل بن سکے اور صرف معاشرت ہی نہیں بلکہ عقائد و روایات اور انداز فکر کی بھی پوری پوری عکاسی کی گئی ہے۔" باغ و بہار" میں میر امن نے چین، ایران اور عجم کے نام پر در اصل ہندوستانی تہذیب کو پس منظر کے طور پر استعمال کیا ہے۔ اس داستان کے آئینہ میں دہلوی معاشرت کے مصنف کے عہد کا عکس واضح دیکھا جا سکتا ہے۔ بقول ڈاکٹر سید عبد اللہ:

"باغ و بہار میں دلی کی تہذیب بول رہی ہے۔"(۱۰)

اس سلسلے میں سب سے پہلے "باغ و بہار" کے کرداروں پر نظر پڑتی ہے یہ کردار

شام، یمن ،چین ،دمشق ، ایران اور روم میں گھومتے ہیں۔ مگر ان کے آداب ، رُسوم ،روایات اور انداز گفتگو سبھی پر ہندوستانی بلکہ دلی کی تہذیب کی چھاپ لگی نظر آتی ہے۔ مختلف النوع کرداروں کی تصویر کشی میں تمام رنگ ہی ہم عصر معاشرہ اور تمدن سے لیے گئے ہیں۔ "باغ و بہار" میں میر امن نے جن دعوتوں کی منظر نگاری کی ہے ان سے یہ رنگ اور بھی غالب ہو جاتا ہے اس میں جن محافل و تقریبات کا نقشہ کھینچا گیا ہے۔ ان میں شرفائے دلّی کے اخلاق و کردار کے مرقعے ملتے ہیں۔ دلّی کی معاشرت ، خوشحال ، خوش پوش اور خوش وقت معاشرت تھی۔ تکلف و اہتمام اور آرائش اس معاشرے کے تہذیبی امتیاز میں شامل تھا۔شاہی درباروں اور نوابوں کی حویلیوں میں کسی شے کی کمی نہ تھی۔ اس لئے "باغ و بہار" کی محافل میں ہمیں اس زمانے کے شاہی ٹھاٹھ ملتے ہیں۔ ساز وسامان کی کثرت کا تصور دلانے کے لئے اور ایون نعمت کی رنگارنگی دکھانے کے لئے مصنف نے بعض اوقات مختلف موسموں کے پھل ایک ہی جگہ جمع کر دیے ہیں۔ اس داستان میں کم از کم پچاس کھانوں کے نام گنوائے بغیر دعوت روکھی پھیکی اور بے مزہ سمجھی جاتی ہے۔بقول میر امن:

" چار مشقاب، ایک میں یخنی پلاؤ ، دوسری میں قورمہ ،تیسری میں متنجن پلاؤ اور چوتھی میں کوکو پلاؤ ،اور ایک قاب زردے کی، اور کئی طرح کے قلیے ، دو پیازہ نرگس۔۔۔۔۔مربہ ،اچار دان، دہی کی قلفیان۔"(۱۱)

"باغ و بہار" میں اس عہد کے عقائد و میلانات کی جھلک بھی نظر آتی ہے۔ عوام کے افکار توہمات ، ذہنی رجحانات و جذباتی کیفیات سب کچھ موجود ہے۔ بقول ڈاکٹر ایم سلطانہ بخش:

"باغ و بہار ایک تہذیب کی آواز بھی ہے اور اپنے عہد کے ذہنی رجحانات کی عکاسی

بھی۔"(۱۲)

اسلامی ہند میں لڑکی کی شادی کے موقع پر زنان خانے میں مسّرت و شادمانی کے اظہار کے لئے جو اہتمام کیا جاتا تھا۔ میر امن نے اس کا نقشہ یوں کھینچا ہے۔

"اتفاقاً جس دن وزیر کو محبوس خانے میں بھیجا، وہ لڑکی اپنی ہم جولیوں میں بیٹھی تھی اور خوشی سے گڑیا کا بیاہ رچایا تھا اور ڈھولک پکھاوج لئے ہوئے رت جگے کی تیاری کر رہی تھی۔"(۱۳)

اس داستان میں صرف اونچے طبقے کی مجلسی زندگی کی عکاسی نہیں کی گئی بلکہ ہمیں ڈھیروں معلومات حاصل ہوتی ہیں مثلاً خدمت گاروں کی قسمیں اور چوروں کی قسمیں وغیرہ۔ اس دور کے لوگوں کے کردار اور ان کی اجتماعی زندگی کا بھی پتہ چلتا ہے۔ اس معاشرے اور اس طرز زندگی کا عکس جو محمد شاہی عہد کے امرا نے اختیار کیا ہوا تھا، اس داستان میں ہمیں جا بجا ملتا ہے، امر ازادیاں بھی مردوں کی طرح حمام میں نہاتی تھیں، لہٰذا یہ کوئی فرضی قصہ نہیں بلکہ تاریخی حقیقتوں پر مبنی داستان ہے۔ میر امن کے بقول:

"اتفاقاً وہ بی بی، نیک بخت، ایک دن حمام کو گئی تھی۔ جب دیوان خانے میں آئی، کوئی مرد پر نظر نہ پڑا۔ اس نے برقع اُتارا۔"(۱۴)

"باغ و بہار" کے اسلوب کے حوالے سے بڑے بڑے ناقدین اعتراف کرتے ہیں کہ اس میں سادہ اور اپنے عہد کی مروجہ زبان استعمال کی گئی ہے۔ چند متروکات چھوڑتے ہوئے باقی تمام زبان آج کی معلوم ہوتی ہے۔ "باغ و بہار" کی یہ خصوصیت ہے کہ دو سو سال کا عرصہ گزرنے کے باوجود آج بھی اسے آسانی کے ساتھ سمجھا اور لطف اُٹھایا جا سکتا ہے۔ پروفیسر حمید احمد خان کے بقول:

"باغ و بہار پاکیزہ اور شفاف اردو کا اُبلتا ہوا چشمہ ہے۔"(۱۵)

"باغ و بہار" میں میر امن نے "ٹھیٹھ ہندوستانی" انداز گفتگو اختیار کیا ہے، اور عام بول چال کے بہت سے الفاظ زیر تحریر لائے ہیں۔ وہ بول چال کے اس حد تک قائل معلوم ہوتے ہیں کہ بعض اوقات املا بھی عوامی تلفظ کی خاطر بدل دیتے ہیں "باغ و بہار" ایک اسلوب کی نمائندہ ہے اور اس میں شک نہیں کہ اس اسلوب کی کوئی تقلید نہ کر سکا۔ اپنے اسلوب کے باعث یہ ہمیشہ پُر بہار رہی۔ اس کے ساتھ ساتھ اس داستان سے اردو ادب میں نثر کا خلا پُر ہو گیا۔ اور شاعری سے ہٹ کر نثر نگاری کے رجحانات میں اضافہ ہوا۔ فارسی اور عربی کی چھاپ کو ختم کر کے میر امن نے خالصتاً اردو زبان کو فروغ دی۔ بقول ڈاکٹر انور سدید:

"میر امن نے دلّی کے تہذیبی نقوش اس داستان میں پوری شان سے منعکس کیے ہے، ان کی زبان سادگی، سلاست اور متناسب الفاظ کا مرقع ہے۔ بول چال کی عام زبان نے میر امن کی نثر کو اس عہد کا نمائندہ بنا دیا ہے۔"(١٦)

"باغ و بہار" کی دلچسپی کی ایک وجہ یہ بھی ہے کہ یہ ناول اور داستان کی درمیانی اور بہت اہم کڑی ہے۔ کسی داستان کی قدر و قیمت کا اندازہ لگانے کے لئے اسے تین پہلوؤں سے دیکھنا چاہیے۔ اوّل قصہ پن، دوئم طوالت، سوئم انشاپردازی "باغ و بہار" کا قصہ اتنا دلچسپ اور پر اثر ہے کہ قاری کو خوب مزہ آتا ہے اور وہ شروع سے آخر تک قصے میں محو رہتا ہے۔ طوالت میں اگر تسلسل نہ ہو تو قصہ بھونڈا اور بے معنی لگتا ہے۔ "باغ و بہار" کے واقعات اور کرداروں کے درمیان میر امن نے ایسا ربط اور تسلسل قائم کیا ہے۔ کہ قاری اسے شروع کر دے تو ختم کر کے چھوڑتا ہے۔ اس میں میر امن کی انشاپردازی کے جوہر بھی خوب نظر آتے ہیں۔ فنی خصوصیات کے اعتبار سے "باغ و بہار" اردو کی نہایت کامیاب داستان ہے اس نے داستان نگاری کی روایت کو آگے بڑھانے میں مدد دی اور اس

کے بعد متعدد داستانیں منظر عام پر آئیں مگر یہ حقیقت ہے کہ اردو کی تمام داستانوں میں خواہ وہ "باغ و بہار" سے پہلے کی ہوں یا بعد کی جو مقبولیت "باغ و بہار" کو حاصل ہوئی وہ کسی اور داستان کے حصے میں نہیں آئی۔ بقول کلیم الدین احمد:

۔" باغ و بہار " میں وہ حسن وہ بزرگی ہے جو " آرائش محفل " میں نہیں اس کی انشا پردازی اس کی بقا کی ذمہ دار ہے۔ اس میں جو زبان بول چال میں استعمال ہوتی ہے۔ اس کا اوج کمال ہے۔"(۱۷)

داستانوں میں ناولوں اور افسانوں کے بر عکس جنوں ،دیووں، پریوں اور سحر و روحانیت کے فوق الفطرت کرشموں اور کارناموں کا اتنا ذکر ہوتا ہے کہ حقیقت اور صداقت کی فضاء پیدا کرنا مشکل ہو جاتا ہے۔ ایک قصہ گو کی حیثیت سے میر امن کی کامیابی کا ایک راز یہ بھی ہے کہ انہوں نے داستان کی غیر فطری فضا میں رہ کر بھی جو کردار اور واقعات ہمارے سامنے پیش کیے ہیں۔ وہ زندگی سے قریب تر معلوم ہوتے ہیں۔ حقیقی زندگی کی یہ جھلک یوں تو "باغ و بہار" کے سبھی خاص خاص کرداروں میں موجود ہے مگر پہلے درویش کی بہن، دمشق کی شہزادی، زیرباد کے راجہ کی لڑکی اور آخری داستان میں آنے والی کٹنی انسانی زندگی کے قریبی کردار ہیں۔ "باغ و بہار" میں دلچسپی کی ایک وجہ حسن و عشق کا مقامی تصور ہے، حسن و عشق کے لفظ کو بھی میر امن نے سامنے رکھا ہے اور متعدد جگہوں پر اس کا اظہار کر کے داستان میں دلکشی اور غنائیت پیدا کی ہے۔ حُسن و عشق کا ذکر کرتے ہوئے ان کے قلم میں شگفتگی اور روانی آجاتی ہے۔ حسن و عشق کا ذکر کرتے ہوئے بعض جگہ خاصی بے باکی کا مظاہرہ کیا گیا ہے۔ اور سستے مذاق کی تسکین بھی کرنا چاہی ہے لیکن یہ سب کچھ مذاق زمانہ کے پیش نظر کیا گیا تھا۔ عامیانہ پن میں انہوں نے دوسرے قصہ گو کے مقابلے میں اعتدال سے کام لیا ہے۔ میر امن نے "باغ و بہار"

میں دہلوی معاشرت اور تہذیب کی مرقع کشی اس خوبصورتی اور فنکاری سے کی ہے کہ اس کے آئینے میں مصنف کے عہد کا عکس صاف صاف دکھائی دیتا ہے۔ دلّی کے در و دیوار اور اس کے اشخاص و افراد کی چلتی پھرتی بلکہ بولتی چالتی تصویریں نظر آتی ہیں۔ اس داستان میں میر امن نے جن تقریبات، رسم و رواج، میلے ٹھیلے، تکلف و اہتمام اور لباس کا ذکر کیا ہے وہ خالصتاً ہندوستانی ہے۔ سلطان دمشق کی بیٹی کا ذکر میر امن نے کچھ یوں کیا ہے۔

"ایک دم کے بعد وہ پری دروازے سے جیسے چودھویں رات کا چاند، بناؤ کیے، گلے میں پشواز، بادلے کی سنجاف کی موتیوں کا در دامن ٹکا ہوا سر سے پاؤں تک موتیوں میں جڑی روش پر آکر کھڑی ہوئی۔" (۱۸)

لباس کے ساتھ یہ آنچل پلو لہر گوکھرو بھی ہندوستانی ہیں۔ چنانچہ یہ سلطان دمشق کی بیٹی نہیں سلطان دہلی کی بیٹی معلوم ہوتی ہے۔ العرض "باغ و بہار" کی یہ عصری تصویر کاری اسے ایک تاریخی حیثیت عطا کرتی ہے۔ "باغ و بہار" کا مصنف مغلیہ سلطنت کی بزم وآخر دیکھ چکا تھا۔ اس نے "باغ و بہار" میں شوکت مغلیہ کی آئینہ داری، لباس، طعام، خدام، فرش وفروش، سامان آرائش وغیرہ کی ایک طویل فہرست اس طرح پیش کی ہے کہ اس سے دلّی کی شاہی تہذیب کی پوری تاریخ مرتب ہو سکتی ہے۔ اور اگر ہر نوع کی تفصیلات اکٹھی کی جائیں تو ایک معلومات فزا انسائیکلوپیڈیا تیار ہو سکتا ہے۔ مختلف قسم کے کھانے، طرح طرح کے ملبوسات، سواری کے جانوروں کی آرائش، باجوں کے نام، راگوں کی اقسام، مطربوں کے فرقے، آتش بازی کی قسمیں، ظروف کی تفصیلات، ملازموں کے درجات غرضیکہ کتنی اصطلاحیں ہیں جو اس قصے میں بھری پڑی ہیں۔ پوری داستان میں دہلوی تہذیب و معاشرت کی تصویریں گردش کر رہی ہیں۔ ان تمام

خصوصیات کی روشنی میں دیکھا جائے تو "باغ و بہار" اردو نثر کی وہ پہلی کتاب ہے، جس نے زندگی کی سچی تصویر کشی کی اور اردو ادب میں ایک روشن اور توانا مثال قائم کی۔ اس خصوصیت نے باغ و بہار کو قبول عام کا مرتبہ بخشا۔ داستانوں کی ان ہی خصوصیات کے بارے میں ڈاکٹر رفیع الدین ہاشمی کہتے ہیں کہ:

" داستانیں ہمارے سامنے قدیم دور کے ماحول، معاشرت، رسوم ورواج عقائد و نظریات اور طور طریقوں کے خوشنما اور حسین و جمیل مرقعے پیش کرتی ہے۔ داستان کے صفحات میں ہمیں وہ نقشے اور تصویریں ملتی ہیں۔ جو تاریخ کے ابواب میں ناپید ہوتے ہیں۔ یوں علمی معلوماتی اور تاریخی اعتبار سے بھی داستانوں کی افادیت سے انکار نہیں کیا جا سکتا۔"(۱۹)

بہر حال داستان کی افادیت و اہمیت مسلم ہے۔ ادب کے طلبہ کے لئے داستان کو نظر انداز کرنا یا اس کی اہمیت کو گھٹانا ممکن ہی نہیں۔ جس طرح تہذیب انسانی کی تاریخ میں " پتھر کے زمانے "کا ذکر ناگزیر ہے۔ اسی طرح تاریخ ادب داستانوں کے تذکرے کے بغیر مکمل نہیں ہو سکتی۔

صبا علی۔۔پی ایچ۔ڈی اسکالر، شعبہ اردو، جامعہ پشاور

حوالہ جات

۱۔ گیان چند، ڈاکٹر، "اردو کی نثری داستانیں" انجمن ترقی اردو، کراچی، ۱۹۶۹، ص ۵۱۵

۲۔ سُنبل نگار، ڈاکٹر، "اردو نثر کا تنقیدی مطالعہ " دارالنوادر اردو بازار غزنی سٹریٹ لاہور، ۲۰۰۳، ص ۵۱

۳۔ رفیع الدین ہاشمی، ڈاکٹر، " سرور اور فسانہ عجائب " سنگ میل پبلی کیشنز لاہور،

۱۹۷۹، ص ۲۷

۴۔ سہیل بخاری، ڈاکٹر، "اردو داستان"، مقتدرہ قومی زبان اسلام آباد، ۱۹۸۷، ص ۴۷

۵۔ ایم سلطانہ بخش، ڈاکٹر، "داستانیں اور مزاج" مغربی پاکستان اردو اکیڈمی لاہور، ۱۹۹۳، ص، ۱۸۸

۶۔ ایم سلطانہ بخش، ڈاکٹر، "داستان کی تدریس"، مشمولہ "تدریس ادب" علامہ اقبال اوپن یونیورسٹی اسلام آباد ۲۰۰۴، ص ۲۰۳

۷۔ ممتاز منگلوری، ڈاکٹر، مرتبہ، "باغ و بہار" از میر امن دہلوی، مکتبہ خیابان ادب ۳۹ چیمبر نس روڈ لاہور، طبع اول ۱۹۶۶، ص ۱۶

۸۔ گیان چند، ڈاکٹر، "اردو کی نثری داستانیں"، انجمن ترقی اردو کراچی، ۱۹۶۹، ص ۶۶، ۶۷

۹۔ بحوالہ غالب، "داستان کیا ہے" مشمولہ "فن داستان گوئی" از کلیم الدین احمد، دائرہ ادب بانکی پور پٹنہ، ص ۱۷

۱۰۔ عبد اللہ، سید، ڈاکٹر، "میر امن سے عبد الحق تک" مجلس ترقی ادب لاہور، ۱۹۶۵، ص، ۲۰

۱۱۔ میر امن دہلوی، "باغ و بہار" پاپولر پبلشنگ ہاؤس لاہور، ۲۰۰۵، ص ۸۲

۱۲۔ ایم سلطانہ بخش، ڈاکٹر، "داستانیں اور مزاح" مغربی پاکستان اردو اکیڈمی لاہور، ۱۹۹۳، ص، ۹۶

۱۳۔ میر امن دہلوی، "باغ و بہار" پاپولر پبلشنگ ہاؤس لاہور، ۲۰۰۵، ص ۱۱۴

۱۴۔ ایضاً، ص ۱۳۹

۱۵۔ بحوالہ، حمید احمد خان، پروفیسر، مشمولہ، "اردو ادب کی مختصر ترین تاریخ" از سلیم اختر، ڈاکٹر، سنگ میل پبلی کیشنز لاہور، اکتیسواں ایڈیشن، ۲۰۱۵ ص، ۳۱۸

۱۶۔ انور سدید، ڈاکٹر، "اردو ادب کی مختصر تاریخ"، عزیز بک ڈپو لاہور، ۲۰۰۶ ،ص، ۲۲۸

۱۷۔ کلیم الدین احمد، "فن داستان گوئی" دائرہ ادب بانکی پور پٹنہ، ص ۱۵۷

۱۸۔ میر امن دہلوی ــــــ " باغ و بہار " پاپولر پبلشنگ ہاؤس لاہور ، ۲۰۰۵، ص ، ۵۶

۱۹۔ رفیع الدین ہاشمی ڈاکٹر، " اصناف ادب " سنگ میل پبل کیشنز، لاہور، ۱۹۹۸، ص، ۱۱۵

(۵) داستان باغ و بہار کا اسلوب اور کردار نگاری

باغ و بہار میر امن کی داستانوی کتاب ہے جو اُنھوں نے فورٹ ولیم کالج میں جان گلکرسٹ کی فرمائش پر لکھی تھی۔ یہ قصہ اردو میں ترجمہ ہونے سے پہلے فارسی زبان میں "قصۂ چہار درویش" کے نام سے ایک زمانے میں مقبولِ خاص وعام رہا ہے۔

یہ کتاب ایک جانب چار عدد بادشاہوں کی داستان ہے جن کو عشق نے درویشی کی راہ دکھائی۔ فورٹ ولیم کالج کی داستانوں میں میر امن کی باغ و بہار کو اُس کے سادہ اسلوب اور قصہ در قصہ فنی خصوصیات کی بنا پر اہم مقام حاصل ہے۔ تو دوسری جانب میر امن دہلوی اور فورٹ ولیم کالج کا اردو داستان کی شکل میں پہلا کارنامہ، جس نے پرانے اور مشکل اسلوب کو یکسر ترک کرکے اردو زبان کو ایک نیا راستہ اور نئی مشعل دکھائی۔

یہ داستان اردو نثر میں ایک سنگ میل کی حیثیت رکھتی ہے، اسی داستان کی اشاعت کے بعد اردو نثر میں پہلی مرتبہ سلیس زبان اور آسان عبارت آرائی کا رواج ہوا، اس قصے میں ایشیائی رسم و رواج خاص کر دہلی کا تذکرہ نہایت خوبی کے ساتھ کیا گیا ہے۔ اسی خوبی اور سلاست کو دیکھ کر ایسا محسوس ہوتا ہے جیسے کہ یہ طبع زاد قصہ ہو۔

باغ و بہار پر شروع سے آخر تک ایک خاص فضا قائم رہتی ہے۔ داستان کی حیثیت سے بھی اس میں کچھ باتیں ایسی ہیں جنہوں نے اسے اُردو کی دوسری داستانوں میں نمایاں جگہ دی ہے۔ زبان و بیان کے حسن اور اسلوبِ نگارش میں روزمرہ اور محاورے کی پابندی کے بعد باغ و بہار کی سب سے بڑی خصوصیت یہ ہے کہ اس میں ایک خاص زمانے کی

معاشرت اور تہذیب کا گہرا عکس نظر آتا ہے۔ میر امن کسی واقعے کا ذکر کریں یا کسی کردار کو دیکھائیں ہر جگہ ہندوستانی تہذیب و معاشرت جھلکتی ہوئی نظر آتی ہے۔

باغ و بہار کی زبان و اسلوب

باغ و بہار کی زبان و بیاں کی بات کی جائے تو میر امن نے باغ و بہار میں غیر مانوس عربی فارسی الفاظ نکال کر سادہ اور سلیس زبان لکھی ہے۔ کیونکہ اس کتاب کا مقصد انگریزوں کو اُردو زبان سکھانا۔ تھا۔ اس لیے انہوں نے زبان اور روزمرہ محاورے میں سادگی کو برتا ہے۔ باغ و بہار محض ایک قصہ کہانی نہیں بلکہ ہندوستانی مغلیہ معاشرت اور دہلی کے سماج کی خوبصورت تصویر کشی ہے۔ جس زمانے کی یہ داستان ہے اس زمانے میں مسلمان حکمران خوشحال اور رعایا خوش تھی۔ مہمان نوازی کرنا، میلے ٹھیلوں میں جانا، تفریحات منعقد کرنا، رنگ رلیاں، عیش و عشرت اُن کی فطرت میں تھی۔ اس لیے باغ و بہار میں یہی تہذیب عام نظر آتی ہے۔

باغ و بہار میں شروع سے آخر ایک طول و اختصار کے توازن کو قائم رکھا گیا ہے۔ ایک اچھے داستان نویس کی طرح میر امن کو معلوم ہے کس بات کو بڑھا کر پیش کرنا ہے اور کسے مختصر بیان کرتا ہے۔ میر امن نے اس کتاب کو ترجمہ کرتے وقت دہلی کی معاشرت کا ایک ایسا نمونہ بنا دیا ہے جس سے دوسری داستانیں خالی ہیں۔

باغ و بہار کی کردار نگاری

اگر اس داستان کے کردار دیکھے جائیں تو یہاں ہمیں دو قسم کے کردار ملتے ہیں، مرد کردار اور نسوانی کردار۔ بہت سے ناقدین کا خیال ہے کہ مردانہ کرداروں کی کردار نگاری کرتے وقت میر امن کسی فنکارانہ چابک دستی کا مظاہرہ نہیں کر سکے۔ سب سے پہلے ہم داستان کے مرد کرداروں کا جائزہ لیں گے جن میں چاروں درویشوں کے علاوہ آزاد بخت

اور خواجہ سگ پرست بھی شامل ہیں۔

چاروں درویش جو کہانی کے ہیرو ہیں اُن کے بارے میں گیان چند لکھتے ہیں، "ان میں شہزادگی کی کوئی علامت نظر نہیں آتی۔ ان کے عشق میں کوئی عظمت، کوئی بلندی اور وقار نہیں"۔ پہلے درویش کے کردار میں مردانگی نام کی چیز نہیں۔ یہ ایک مجہول اور بودا کردار ہے جو فرماں برداری، خوشامدی فطرت، عجز و انکسار کے باوجود دوسروں کو متاثر کرنے کی صلاحیت سے عاری ہے۔ منہ میں سونے کا چمچہ لے کر پیدا ہونے والا یہ تاجر زادہ کسی مرحلے پر بھی شخصی وقار، انا پسندی یا خودداری کا مظاہرہ نہیں کرتا۔ اس کوتاہ بین، کم کوش اور نکمے شخص کی شادی شہزادی سے ہو جانا ایک اتفاق ہے اور جنگل میں اُس کو کھو دینا اس کی بے تدبیری، عاقبت نااندیشی اور بدنصیبی کا ثبوت ہے۔

دوسرا درویش بقول زہرا معین، "غم جاناں سے غم ہائے دگر تک کا سفر۔ یہ درویش کی آدمیت و انسانیت، اس کے دل کی گداختگی، ایثار و قربانی بحیثیت مجموعی اس کے کردار کی بلندی پر دلالت کرتا ہے۔ اس کے کردار میں بڑی استقامت ہے۔ وہ اپنی دھن کا پکا ہے"۔

تیسرے درویش کا کردار کمزور، بے جان اور ڈھیلا ہے۔ ابتدا میں وہ بڑا مہم جو، متجسس اور بے خطر نظر آتا ہے۔ مگر عشق کی مہم میں اس سے کم ہی کوئی ایسا کارنامہ سرزد ہوتا ہے جس کی بنیاد پر اسے عاشقوں کے زمرے میں شامل کیا جائے۔

جبکہ چوتھا درویش جو کہ چین کا ولی عہد ہے، بیگمات اور خواصوں کی صحبت میں رہنے کی وجہ سے عقل و شعور سے عاری ہے اور بے باکی اور جوانمردی نام کی کوئی شے اس کے اندر نہیں ملتی۔ بلکہ کم ظرفی اور بے وقوفی کے آثار نمایاں ہیں۔

داستان کا مرکزی کردار بادشاہ آزاد بخت کی داستان میں دوسرے درویشوں کی

طرح عشق کا عنصر شامل نہیں ہے۔ اس کی مہم جوئی کی جہت دوسرے درویش کے برعکس مختلف ہے۔ آزاد بخت کا کردار مرکزی اور بنیادی ہے۔ یہ کردار باغ و بہار کا زندہ جاوید کردار ہے۔ مجموعی طور پر میر امن کی "باغ و بہار" ایک بہترین داستان ہے جو کہانی پن کی خوبیوں سے اس قدر مزین ہے کہ اس پر طبع زاد ہونے کا گمان ہوتا ہے۔

(۶) باغ و بہار کا اسلوب

اردو نثر کی تاریخ میں باغ و بہار کو بے مثال اہمیت حاصل ہے۔ اردو میں مختصر افسانے کا جنم تو بہت بعد میں ہوا لیکن باغ و بہار میں پہلی بار افسانے کی ہلکی سی جھلک نظر آتی ہے۔ اس میں ایک بادشاہ شاہ اور چار درویشوں کی کہانیاں پیش کی گئی ہیں جنہیں تمہید اور خاتمے کے ذریعے آپس میں جوڑ دیا گیا ہے۔

اس طرح کہا جا سکتا ہے کہ یہ ایک داستان نہیں بلکہ پانچ کہانیوں کا مجموعہ ہے۔ گویا یہ اردو افسانے کی صبح کاذب ہے دوسری خاص بات یہ ہے کہ اس کتاب میں دہلی کی تہذیب و معاشرت کی مکمل مرقع کشی نظر آتی ہے۔ کسی شہر و دیار کا ذکر کیا جا رہا ہو مگر بچشم غور دیکھئے تو دلی کے در و دیوار پیش نظر ہو جاتے ہیں۔ یہ دونوں باتیں اہم سہی مگر "باغ و بہار" کی سب سے بڑی خوبی اس کا اسلوب بیان ہے۔

اردو نثر کا پہلا شاہکار باغ و بہار ہے۔ اس سے پہلے بھی اردو نثر میں کتابیں موجود تھیں مگر ان کا انداز مصنوعی، زبان گنجلک اور فارسی آمیز تھی۔ "باغ و بہار" آسان، سادہ اور عام فہم زبان کا پہلا نمونہ ہے۔ آگے چل کر اردو نثر نے جو راہ اختیار کی اس کا پتہ اسی کتاب نے دیا تھا۔

غالب نے اپنا چراغ میر امن کے چراغ سے جلایا۔ مطلب یہ کہ میر امن نے جس طرح کی زبان استعمال کی تھی اس کی ذرا نکھری ہوئی شکل میں غالب نے خط لکھے اور سر سید کی علمی نثر کے لیے راستہ ہموار کر دیا۔ میر امن نے جان گلکرسٹ کی فرمائش پر اس

کتاب کے لئے عام بول چال کی زبان ان کا انتخاب کیا تھا۔

بول چال کی زبان تحریری زبان یا یوں کہنا چاہیے کہ کتابی زبان سے مختلف ہوتی ہے۔ تحریری زبان میں قواعد یعنی گرامر کی پابندی کی جاتی ہے، جملے اور فکرے مکمل ہوتے ہیں، رکھ رکھاؤ کا زیادہ خیال رکھا جاتا ہے۔ ان سب باتوں سے ذرا بہت تکلف تھوڑا سا تصنع تو پیدا ہو ہی جاتا ہے۔

بول چال کی زبان میں یہ پابندیاں نہیں ہوتیں۔ باتوں میں چشم و ابرو کے اشارے بھی بہت کام کرتے ہیں اور بہت سے لفظ محذوف ہو جاتے ہیں۔ مطلب یہ کہ کم ہو جاتے ہیں۔ فقرے چھوٹے چھوٹے ہوتے ہیں۔ دو فقروں کو جوڑنے والے لفظ اکثر حارج کر دیے جاتے ہیں۔ آسان لفظوں کا استعمال زیادہ ہوتا ہے۔

میر امن نے باغ و بہار میں یہی زبان استعمال کی جیسا کہ ان کا دعویٰ ہے۔ "جو لڑکے بالے، عام و خاص بولتے چالتے ہیں، اسی محاورے سے لکھنا شروع کیا جیسے کوئی باتیں کرتا ہے"۔

اس کے لیے انہوں نے جو وسائل اختیار کیے، مطلب یہ کہ جو طریقے اپنائے ان کی تفصیل مع مثالوں کے پیش کی جاتی ہے:

ا۔ لفظوں کی تکرار جیسے گھر گھر، محلے محلے اور تابع مہمل جیسے روتا دھوتا، پکڑ دھکڑ کا استعمال۔

مثال: برس دن کے عرصے میں ہرج مرج کھینچتا ہوا شہر نیم روز میں جا پہنچا جتنے وہاں آدمی ہزاری اور بازاری نظر پڑے، سیاہ پوش تھے۔ جیسا احوال سنا تھا اپنی آنکھوں سے دیکھا۔ پہلی تاریخ سارے لوگ اس شہر کے چھوٹے بڑے، لڑکے بالے امرا، بادشاہ، عورت مرد ایک میدان میں جمع ہوئے۔

۔۔۔۔۔۔ اور فرمایا کہ احوال شہزادے کے طالعوں کا دیکھو اور جانچو اور جنم پتری درست کرو اور جو کچھ ہونا ہے حقیقت پل پل، گھڑی گھڑی اور پہر پہر اور دن دن، مہینے مہینے، برس برس کی مفصل حضور میں کرو۔

۔۔۔۔۔ سارا بدن میرا پانچھ پانچھ کر خون و خاک سے پاک کیا اور شراب سے دھو دھاکر زخموں کو ٹانکے مرہم لگایا۔

۲۔ اضافی اور توصیفی ترکیبوں کو اس طرح سہل بنایا کہ اضافت کو ترک کر کے کا۔ کے۔ کی استعمال کیے مثلاً حکمِ حاکم کی جگہ ہم کہیں حاکم کا حکم یا حکم حاکم کا۔

مثال: بموجب حکم بادشاہ کے اس آدھی رات میں کہ عین اندھیری تھی ملکہ کو ایک میدان میں کہ وہاں پرندہ پر نہ مارتا تھا، انسان کا تو ذکر کیا ہے، چھوڑ کر چلے آئے۔

۳۔ محاوروں اور گھریلو کہاوتوں کا استعمال

مثال: اونٹ چڑھے کتا کاٹے، ادھر چوکی ڈومنی گائے تال بے تال۔

۴۔ ہندی الفاظ کا بے تکلف استعمال نظر آتا ہے مثلاً راہ بانٹ، جنم بھومی، سنگت، گیان، بیراگ، بیر وغیرہ۔

۵۔ متروک الفاظ یعنی ایسے الفاظ کا استعمال جو اب بولے یا لکھے نہیں جاتے کبھو، کدھو، ایدھر، اودھر، تلپھنا، جاوے وغیرہ۔

۶۔ ایسی تشبیہوں کا استعمال جو بالکل سامنے کی ہیں اور نثر کے لیے موزوں ہیں کیونکہ ان سے خیال روشن ہو جاتا ہے مثلاً پھول سا بدن سوکھ کر کانٹا ہو گیا اور وہ رنگ جو کندن سا دمکتا تھا۔۔۔۔۔۔

۷۔ عام فہم استعارات جیسے فرزند کہ زندگانی کا پھل ہے اس کی قسمت کے باغ میں نہ تھا۔

۸۔ بعض شعری وسائل سے بھی کام لیا کیونکہ وہ اس زمانے کا چلن تھا۔ کہیں کہیں صنائع بدیع کا استعمال نظر آجاتا ہے جیسے:

سب کچھ دیا، اندھیرے گھر کا دیا نہ دیا۔ یہ بات سن کر سن ہوا (ایہام) جب تجھے دیکھتی ہوں باغ باغ ہوتی ہوں۔ تو نے مجھے نہال کیا (رعایت لفظی)

۹۔ میر امن نے تحسین کے برعکس تصنع، تکلف، عبارت آرائی سے تو پرہیز کیا لیکن کہیں کہیں سجع اور قافیے کا اہتمام کیا ہے۔

مثال: میں نے کہا اجی پھر کب ملاقات ہو گی۔ یہ تم نے کیا غضب کی بات سنائی۔ اگر جلد آؤ گی تو مجھے جیتا پاؤ گی نہیں تو پچھتاؤ گی۔

------ اگرچہ ہر طرح کا آرام تھا پر دن رات چلنے سے کام تھا۔

۱۰۔ تکلم کا انداز، بات چیت کا لب و لہجہ، طرز تخاطب، "باغ و بہار" کے اسلوب کی سب سے نمایاں خصوصیت ہے۔ گمان ہوتا ہے کہ ہم کہانی پڑھ نہیں رہے سن رہے ہیں۔ میر امن قاری بلکہ کہنا چاہیے کے ناظر کو کسی حالت میں نظر انداز نہیں کرتے قصہ سنانے کے دوران "کان دھر کر سننے" کی فرمائش کرتے ہیں۔ ایک جگہ فرماتے ہیں "اب خدا کے کارخانے کا تماشہ سنو" اس سلسلے کے بعض اقتباسات ملاحظہ ہوں:

----- خداوند! آپ قدر دان ہیں۔ حاجت غرض کرنے کی نہیں۔ الٰہی تارا اقبال کا چمکتا رہے۔

----- محض صاحب کی ملاقات کی آرزو میں یہاں تک آیا ہوں

------- کہنے لگا۔ احمد تو کیوں روتا ہے؟ بولا ارے ظالم یہ تو نے کیا بات کہی۔ میری بادشاہت لٹ گئی۔ اور اس طرح کا تخاطب سن اے جوان دانا، سن اے عزیز، اے پادشاہ! یہ جوانمرد جو داہنی طرف کھڑا ہے------

یہ ہیں میر امن کی نثر کی خصوصیات۔ یہاں اختصار کے خیال سے صرف دس اہم خصوصیات کا مجمل بیان کیا گیا۔ سید عبداللہ نے میر امن کی "باغ و بہار" کو زندہ کتاب اور اس کے اسلوب کو زندہ اسلوب کہہ کر عقیدت کا وہ خراج پیش کیا ہے جس کی وہ بلاشبہ حقدار ہے۔

(۷) باغ و بہار کے نسوانی کردار

میر امن کے کرداروں کے ضمن میں عام تاثر یہ پایا جاتا ہے کہ ان کے مردانہ کرداروں کے مقابلہ میں نسوانی کردار زیادہ جان دار ہیں۔ سید وقار عظیم میر امن کے نسوانی کرداروں کے بارے میں لکھتے ہیں کہ، "کردار نگاری کے معاملہ میں میر امن نے جو توجہ ہر داستان میں ہیروئن پر صرف کی ہے، اس سے مردوں کے کردار محروم رہے ہیں"۔

باغ و بہار کے نسوانی کرداروں میں ماہ رخ، وزیر زادی، سراندیپ کی شہزادی اور بصرے کی شہزادی کے کرداروں کو خصوصی اہمیت حاصل ہے۔

ماہ رخ

ماہ رخ پہلے درویش کے قصے کی ہیروئن ہے۔ جسے میر امن نے نہایت خوبصورت، پری پیکر اور جاہ و حشم پر نازاں دکھایا ہے۔ احساس برتری کے باعث اس میں تمکنت اور رکھ رکھاؤ ہے لیکن آخر وہ جذبہ عشق کے ہاتھوں مغلوب ہو جاتی ہے۔ تو اس میں قدرے نرمی اور ملائمت پیدا ہو جاتی ہے۔ جونہی وہ عشق میں ناکام ہوتی ہے تو پھر سے بپھری ہوئی شیرنی بن جاتی ہے۔ اس کے مزاج میں تضاد پایا جاتا ہے۔ وہ بیک وقت رحمدل بھی ہے اور قاہر بھی، عشق بھی کرتی ہے اور بدنامی سے بھی خوفزدہ ہے، وہ دانشمند بھی ہے اور جذبہ دل کے ہاتھوں مغلوب بھی۔ وہ مذہب پر یقین بھی رکھتی ہے اور عملی طور پر مذہبی احکام سے انحراف بھی کرتی ہے۔

وزیر زادی

وزیر زادی خواجہ سگ پرست کے قصے کی ہیروئن ہے۔ یہ قصہ بادشاہ آزاد بخت کی زبانی بیان ہوا ہے۔ وزیر زادی کی شادی خواجہ سگ پرست سے اس وقت ہوتی ہے جب اس کے گڑیا کھیلنے کے دن تھے اور خواجہ سگ پرست کی عمر پچاس سال تھی، لیکن وزیر زادی بادشاہ کا حکم بجالاتے ہوئے شادی کے لیے تیار ہو جاتی ہے۔ وزیر زادی خواجہ سگ پرست کے مقابلہ میں ایک کمسن لڑکی ہے جس کی شادی خواجہ سگ پرست سے کر دی جاتی ہے اور وہ اس شادی کو اپنی تقدیر سمجھ کر قبول کر لیتی ہے اور اف تک نہیں کرتی۔ بقول عابدہ حسین، "عورتوں میں وزیر زادی نے کم عمری میں قربانی اور محبت کی جو مثال پیش کر دی، اس کا جواب نہیں۔ خواجہ سگ پرست سے شادی کرنا بھی، قربانی کے علاوہ اور کیا کہا جا سکتا ہے"

سراندیپ کی شہزادی

سراندیپ کی شہزادی خواجہ سگ پرست کے قصے کا کردار ہے جسے میر امن نے خالص ہندوستانی مزاج کی حامل ہندو راجکماری کے روپ میں دکھایا ہے۔ وہ کھلے ماحول کی پروردہ ہے جہاں پردہ کرنے کا رواج نہیں۔ وہ مردوں کی طرح آزادانہ جنگلوں میں گھومتی اور شکار کرتی پھرتی ہے۔ میر امن نے اس کا تذکرہ یوں کیا ہے:

" وہاں کے بادشاہ کی ایک بیٹی تھی، نہایت خوبصورت، صاحب جمال، اکثر بادشاہ اور شہزادے اس کے عشق میں خراب تھے۔ وہاں رسم حجاب نہ تھی، اس لیے وہ لڑکی تمام دن ہمجولیوں کے ساتھ سیر و شکار کرتی پھرتی۔"

بصرے کی شہزادی

بصرے کی شہزادی دوسرے درویش (شہزادہ فارس) کی محبوبہ ہے جو آخر میں اس

کی بیوی بن جاتی ہے۔ شہزادی کی چھ بہنیں تھیں۔ ایک روز بادشاہ نے انہیں کہا کہ خدا کا شکر کرو کہ تم شہزادیاں ہو۔ اگر میں بادشاہ نہ ہوتا تو تم بھی شہزادیاں نہ ہوتیں۔ یہ سارا کروفر میرے ہی طفیل ہے۔ ان میں سے ایک (زیر تذکرہ) شہزادی، جو مذہب پر پورا یقین رکھتی ہے اس بات کی قائل تھی کہ جو کچھ ہوتا ہے تقدیر کے تابع ہوتا ہے۔ اس نے اپنے باپ (بادشاہ) کی اس بات کو مسترد کر دیا اور سب کچھ تقدیر اور اللہ کی دَین قرار دیا۔ اس کی پاداش میں شہزادی کو جنگل میں چھوڑ دیا گیا جہاں وہ صبر و شکر کرتی اور مصروف عبادت رہتی۔ اس نے ایک دن مرد بزرگ کی جھونپڑی بنانے کے لیے زمین کھودنے کو کہا تو خدا کی قدرت سے ایک مدفون خزانہ مل گیا۔ جس سے اُس نے ایک محل تعمیر کروایا۔ باپ کو معلوم ہوا تو اُس نے توبہ کی اور باپ کے بعد یہی شہزادی جانشین ہوئی۔ میر امن نے اسے نہایت سخی، مہمان نواز، سلیقہ شعار، ہوشیار، چالاک، معاملہ فہم، پر تمکنت اور باوقار دکھایا ہے۔ اسی شہزادی کی سخاوت کا شہرہ سن کر پہلا درویش اس کی زیارت کے لیے آیا اور اس کی ایک جھلک دیکھ کر اس پر فریفتہ ہو گیا۔

پہلے درویش کی بہن

میر امن نے اس کردار میں مکمل طور پر ایک مکمل ہندوستانی عورت کی عکاسی کی ہے جو اپنے بھائی کی محبت سے سرشار ہے، اُس کی ہر ممکن مدد کرتی ہے اور جب پہلا درویش سب کچھ لٹا کر اپنی بہن کے پاس آتا ہے تو وہ خوش دلی سے اُس کا استقبال کرتی ہے اور اس کا ہر لحاظ سے خیال رکھتی ہے۔ بعد میں اُس کی بہن اُس کو غیرت بھی دلاتی ہے اور اُسے عمل کی طرف مائل کرتی ہے کہ وہ کب تک ایسے ہی بہن کے ٹکڑوں پر پڑا رہے گا۔ اُسے کچھ کرنا چاہیے۔ اگر دیکھا جائے تو یہ کردار ہندوستانی بہن کی ایک مکمل اور خوبصورت تصویر ہے۔

کٹنی کا کردار

ضمنی کردار ہونے کے باوجود میر امن نے کٹنی کے کردار میں کمال کر دکھایا ہے اور ہمارے سامنے "بی جمالو" قسم کی تصویر آنکھوں میں آجاتی ہے۔ اس کردار کی تصویر کشی کرنے میں میر امن نے نہایت چابکدستی سے کام لیا ہے۔ کٹنی کی زبان دلی والی عورتوں کی زبان ہے۔ فقیرنیاں لوگوں کے دل میں کس طرح اپنے لیے ہمدردی پیدا کرتی ہیں اور کیا کیا دعائیں دیتی ہیں ملاحظہ فرمایئے:

"ایک بڑھیا، شیطان کی خالہ (اس کا خدا کرے منہ کالا) ہاتھ میں تسبیح لٹکائے، برقع اوڑھے، دروازہ کھلا پا کر بے دھڑک چلی آئی اور سامنے کھڑے ہو کر، ہاتھ اٹھا کر دعا دینے لگی، کہ اہی تیری نتھ جوڑی سہاگ کی سلامت رہے اور کماؤ کی پگڑی رہے۔"

مجموعی طور پر اگر دیکھا جائے تو میر امن کے نسوانی کردار زیادہ بہتر اور خوبصورت ہیں۔ انھوں نے خوشی اور غم کے موقع پر عورتوں کا لب و لہجہ اختیار کیا ہے کہ وہ کیسے دعائیں دیتی ہیں اور کیسے غصہ کا اظہار کرتی ہیں۔ اس کے علاوہ انھوں نے عورتوں کی مکالمہ نگاری پر بھی خوب توجہ دی ہے۔ اس لیے مردوں کے مقابلہ میں عورتوں کے مکالمے زیادہ کامیاب ہیں۔ میر امن نے خالص ہندوستانی لہجہ میں بہت جاندار مکالمے لکھے ہیں۔

***

اردو تنقید کے موضوع پر یادگار مقالہ

تنقید اور ادبی تنقید

مصنف: کلیم الدین احمد

بین الاقوامی ایڈیشن منظر عام پر آچکا ہے